THÈSE

POUR LA LICENCE.

TOULOUSE. — Typographie Delsol, rue Croix-Baragnon, 9.

A mon Père, à ma Mère.

A MA SŒUR.

A TOUS CEUX QUE J'AIME.

THÈSE
POUR LA LICENCE,

En exécution de l'Art. 4, Tit. 2, de la loi du 22 Ventôse an 12,

PAR

M. **Sicard** (*Joseph-Marie-Camille*),

Né à Mazamet (Tarn.)

Jus Romanum.

DE DIVISIONE RERUM, DE FRUCTUUM PERCEPTIONE.

Et primum, res tribus modis inspiciendæ sunt : deductæ ex natura, jure civili, demum jure proprietatis.

1. Ex natura res sunt mobiles vel immobiles ; corporales vel incorporales. Sunt mobiles, quæ per seipsas vel per vim externam moveri possunt ; immobiles, quæ moveri nequeunt. Subdivisio rerum mobilium spectat ad res fungibiles et non fungibiles. Sunt autem fungibiles, quæ primo usu consumuntur, et ejusdem ponderis, mensuræ vel numeri reddi possunt. Non fungibiles contra, quæ primo usu non consumuntur, et eædem reddi debent. Vocantur corporales, res quæ tangi possunt : velut fundus, homo ; incorporales, quæ non tangi possunt, id est, quæ in jure consistunt : sicut hæreditas, ususfructus, servitutes et omnes obligationes.

II. Ex jure civili : Res sunt mancipi, et res non mancipi, quas definit Ulpianus (Tit. 19 § 1°): « Mancipi res sunt prædia in Italico solo tam » rustica, qualis est fundus, quam urbana, qualis domus ; item prædio-

» rum jura rusticorum, velut via, iter, actus, aquæductus, item servi,
» et quadrupedes quæ dorso collove domantur, velut boves, muli, equi,
» asini. — Cæteræ res nec mancipi sunt. Elephanti et cameli quamvis
» dorso collove domentur, nec mancipi sunt.» Mancipi res vocabantur,
quia per mancipationem ad alium transferebantur, aliquando per *cessio-
nem in jure* et etiam per *usucapionem*; rerum nec mancipi contra pro-
prietas sola traditione transmittebatur.

III. Tandem res quæ ex jure proprietatis deductæ sunt : res divini et
res humani juris. Dicuntur res divini juris, quæ extra nostrum patrimo-
nium et extra commercium, et quæ nunquam in eis erunt, quæ nullius in
bonis sunt, ait Justinianus. Divini juris sunt res sacræ, religiosæ, et
sanctæ.

Res sacræ quæ ritè Deo per pontificem consecratæ sunt : veluti ædes
sacræ et dona quæ ritè ad ministerium Dei consecratæ sunt.

Locum in quo per illationem perpetuam corpus et cineres mortuorum
inferuntur religiosum dicunt.

Res sacræ, id est, vasa, vestes consecratæ, alienari nequeunt nisi
causa redemptionis captivorum, vel inopiæ ad alendos pauperes; et nullus
auctoritate sua rem sacram facere potest. Contra, locum religiosum omnes
efficiunt mortuum inferendo ; et id, tam in suo proprio loco quam in
alieno sed cum domini auctoritate. Olim vocabantur sacræ, quæ diis su-
peris consecratæ erant, et religiosæ, quæ diis manibus relictæ erant.

Sanctæ erant et jure veteri, et jure novo, quas leges ab injuriis defen-
debant, velut muri portæque civitatis.

Res humani juris sunt publicæ aut privatæ. Inter publicas, communes
dicimus res quarum dominium et usus ad omnes pertinent, id est, aer,
aqua fluens, mare et littora maris. Ista in dominio esse non possunt;
quisque, ut libet, ad littus accedere, retia siccare potest. Sunt etiam publicæ, sed strictiore sensu, quarum dominium populi romani et usus
omnium sunt, velut portus, flumina et ripæ fluminum.

Strictiore adhuc sensu dicimus quæ ad universitatem pertinent, sicut in
civitatibus theatra.

Sunt autem res privatæ, res singulorum quæ nullum ad ordinem

scriptum pertinere possunt : hæ res in nostro patrimonio sunt et sæpissi-
mè in nostro commercio.

DE PERCEPTIONE.

Si quis ab illo quem dominum esse crediderit bona fide fundum eme-
rit, vel ex donatione aliave qualibet justa causa bona fide acceperit, fructus
quos percepit pro cultura et curæ mercede ei sunt : ita ut, si postea dominus supervenisset et fundum vendicaret, de fructibus a possessore con-
sumptis agere non posset; sed contra, ille qui alienum fundum scienter
possideret, fructus licet consumptos reddere deberet.

Hoc commodum à lege romana vitium possessionis suæ noscenti non
concessum, bona fide possessori tribuitur : ita tamen, 1ˣ ut bona fide sit,
scilicet quibus suum jus inficitur vitia ignoret, et ex legibus à genuino
domino fundum accepisse credat; 2° jus, quo verum dominum esse credat,
habeat; 3° fruges perceperit, hoc est è fundo sublatæ sint.

Reverà quivis dominus, fundum repetens, implicite fructus pendentes
repetit, quòd fructus pendentes et fundus unum sunt et idem. Fructuum
qui in possessoris manu sunt, hic rationem debet, sed non fructuum quos
è fundo obtinere potuisset ; nam se credens æquè fundi verum dominum,
non modi villicationis suæ rationem debet.

Code Napoléon.

LIVRE III. TITRE XVIII.

Des priviléges et hypothèques. (Art. 2092-2113.)

Bien que d'après le cadre qui nous est tracé nous ne devions pas parler de la matière si vaste et si utile des hypothèques, nous croyons néanmoins nécessaire pour l'intelligence des articles, dont nous allons nous occuper, de dire avant : 1° Ce qu'on entend par hypothèque, et 2° en quoi l'hypothèque diffère du privilége.

L'hypothèque est l'affectation particulière d'un ou plusieurs immeubles appartenant au débiteur qui donne au créancier un droit accessoire à celui résultant en sa faveur, d'une obligation principale ; elle existe en quelques mains que passent les immeubles affectés, et elle ne saurait être divisée ; car elle existe en entier non-seulement sur chacun des immeubles, mais encore sur chaque portion de ces mêmes immeubles. *Est tota in toto et tota in qualibet parte.*

L'hypothèque diffère du privilége, en ce que le rang de l'hypothèque se règle par la date de l'inscription, et celui du privilége par la nature de la créance.

Des priviléges ou hypothèques privilégiées.

Le privilége ne dépend pas, comme l'hypothèque simple, d'une condition de l'obligation ; il a au contraire pour cause la dette même et est en quelque sorte inhérent à sa nature.

Ce droit, qui résulte de la nature de la créance, s'établit par la force seule des conventions et sans le consentement des contractants, dont la volonté ne suffirait pas pour l'établir, alors que leur volonté serait suffisante pour y renoncer.

Une fois la nature du privilége connue, c'est d'après la loi (Art. 2096),
la qualité et non l'ancienneté qui détermine l'ordre de préférence des créanciers privilégiés entr'eux; s'il y a entre ces derniers égalité de rang, ils
sont payés par concurrence. (Art. 2097.)

Avant d'établir la division des priviléges, il est bon de dire que nous
ne comprendrons point dans ce classement le privilége de l'Etat à raison
des droits du trésor, privilége qui se trouve réglé par des lois particulières qui en fixent le rang et l'étendue; mais comme ce rang et cette
étendue touchent quelquefois à des intérêts privés, il a fallu nécessairement en fixer la limite, et c'est dans ce but que la loi a consacré ce principe. Le trésor ne peut obtenir de privilége au préjudice des droits acquis à des tiers. (Art. 2098.)

Les meubles comme les immeubles sont sujets aux priviléges; mais il
y a entr'eux des différences notables dans les conditions et les effets; ce
sont ces différences qui nous serviront de base pour la division des pri-
léges, division qui comprendra trois chapitres. Dans le premier, nous
parlerons des priviléges sur les meubles; dans le second, des priviléges
sur les immeubles; et dans le troisième, des priviléges sur les meubles
et sur les immeubles.

CHAPITRE PREMIER.

Des priviléges sur les meubles.

La loi divise les priviléges sur les meubles en priviléges généraux et en
priviléges particuliers; ce chapitre se divisera donc en deux paragraphes.
Dans le premier, nous parlerons des priviléges généraux, et dans le second des priviléges particuliers.

§ 1er. *Des priviléges généraux sur les meubles.*

Les créances privilégiées sur la généralité des meubles sont celles ci-
après exprimées :

1° Les frais de justice qui comprennent tous les frais des opérations

judiciaires tendant à conserver le gage commun ou à procurer aux créanciers l'exercice de leurs droits.

2° Les frais funéraires qui comprennent toutes les dépenses faites pour
la sépulture d'une personne, pourvu toutefois qu'elles soient proportion-
nées à la qualité et à la fortune de cette personne.

3° Les frais de dernière maladie qui comprennent toutes les sommes
qui sont dues aux médecins, pharmaciens, chirurgiens et gardes pour
leurs soins et fournitures pendant la maladie dont le défunt est mort.

4° Le salaire des gens de service; ce privilége existe en faveur de tous
ceux qui sont au service d'une personne à l'année. Cette expression, *gens
de service*, comprend donc non-seulement les domestiques et gens attachés
à la personne, mais encore les commis, secrétaires et agents qui, moyen-
nant un traitement fixe à l'année, font profiter de la totalité de leur travail la personne qui les paie.

5° Les fournitures de subsistances. La loi, guidée par un motif d'hu-
manité, accorde à celui qui a alimenté par des fournitures de subsistances
le débiteur et sa famille un privilége qui s'étend pour les marchands en
détail, sur tout ce qu'ils ont fourni pendant les derniers six mois, et pour
le marchand en gros, pour tout ce qu'ils ont fourni pendant la dernière
année.

A ces divers priviléges, on peut encore ajouter celui qu'a le trésor
public sur la généralité des meubles.

1° Pour le recouvrement des contributions autres que la foncière.

2° Pour le remboursement des frais dont la condamnation est prononcée au profit du trésor en matière criminelle, correctionnelle et de
police; mais ce privilége ne s'exerce toutefois qu'après le paiement des
frais faits pour la défense personnelle du condamné.

3° Le trésor est encore privilégié sur tous les biens meubles des
comptables; mais comme le précédent, ce privilége ne passe qu'après tous
les autres.

§ 2. *Des priviléges sur certains meubles.*

La loi énumère sept principaux priviléges sur certains meubles, savoir :

1° Celui du locateur : depuis les Romains jusqu'à nous, on a toujours senti la nécessité d'assurer au locateur, qui se dessaisit de la jouissance d'une chose au profit d'une autre personne, l'exécution fidèle des engagements que cette personne peut avoir contractés envers lui, et c'est pour atteindre ce but, que la loi accorde au locateur un privilége ; 1° Sur la récolte de l'année ; 2° Sur le prix de tout ce qui garnit la ferme ou la maison ; 3° Sur le prix de tout ce qui sert à l'exploitation de la ferme.

2° Celui du créancier gagiste : Ce privilége consiste à donner au créancier, qui a en sa possession un objet appartenant à son débiteur, le droit de le faire vendre et de se faire payer par préférence à tous les autres créanciers du débiteur sur le prix de la vente de cet objet.

3° Celui du créancier qui a fait des frais pour la conservation de la chose. Il est en effet très juste que celui qui a fourni des fonds pour conserver le gage commun à plusieurs créanciers, soit d'abord remboursé des dépenses qu'il a faites dans l'intérêt de tous.

4° Celui du vendeur : La loi accorde un privilége au vendeur d'effets mobiliers, soit qu'il ait vendu à terme ou sans terme, mais pourvu que les effets mobiliers se trouvent être encore en la possession de l'acquéreur ; car s'il en était autrement, comme les meubles n'ont pas le droit de suite, le privilége serait éteint. Supposons que la vente ait été faite sans terme, le vendeur pourra alors empêcher la revente des objets par lui livrés, s'il le revendique dans la huitaine de la livraison.

5° Celui de l'aubergiste : La loi a voulu protéger les aubergistes, qui, par leur profession ne peuvent s'enquérir de la solvabilité des voyageurs et qui seraient, par conséquent, souvent exposés à perdre le montant de leur fourniture, si le législateur ne leur avait accordé un privilége spécial sur les effets des voyageurs.

6° Celui des voituriers : Ce privilége, qui est fondé sur les mêmes motifs que le précédent, s'étend pour les frais de voitures et les dépenses accessoires sur les choses transportées que le voiturier a, d'après la loi, le droit de vendre jusqu'à concurrence du montant de sa créance.

7° Celui du trésor sur le cautionnement et les intérêts qui peuvent être dus des fonctionnaires publics. Les particuliers étant souvent forcés à confier leurs intérêts à des fonctionnaires publics, le législateur a voulu donner aux particuliers une garantie contre les abus dont ces fonctionnaires peuvent se rendre coupables, et a spécialement affecté le capital et les intérêts de leur cautionnement à l'acquittement des condamnations qu'ils pourraient encourir.

Il nous reste maintenant à dire dans quel ordre se règlent les priviléges sur les meubles ; le rang des priviléges généraux entr'eux nous est déjà connu par l'art. 2101 , qui les énumère dans l'ordre qu'ils s'exercent ; quant aux priviléges particuliers , la loi dans l'art. 2102 a réglé le privilége du locateur et celui du vendeur d'effets mobiliers, mais elle ne nous apprend pas comment se règlent les principes généraux comparativement à chacun des priviléges particuliers ; nous croyons donc devoir suppléer au silence de la loi et dire qu'en règle générale l'équité réclame la priorité pour les priviléges fondés sur l'intérêt de tous , nous basant sur ce principe que nul ne doit s'enrichir aux dépens d'autrui.

CHAPITRE II.

Des priviléges sur les immeubles.

Les priviléges sur les immeubles sont d'après l'art. 2103 au nombre de cinq.

1° Celui du vendeur : Le vendeur, porte cet article , est privilégié pour le paiement du prix; fixons-nous donc sur ce que l'on entend par prix. Il est sans contredit évident que le mot prix , comprend d'abord le prix principal , c'est-à-dire celui qui est stipulé dans le contrat.

Ce privilége s'étend-il sur les intérêts du prix? L'affirmative n'est point douteuse , car bien que l'art. 2103 ne parle pas des intérêts , tous les auteurs ont reconnu que les intérêts devaient participer au même privilége que le principal, parce qu'ils sont un accessoire du prix et qu'ils représentent les fruits ou revenus dont l'acquéreur a la jouissance. Le mot *prix* comprend donc aussi les intérêts du prix principal.

Mais si à l'unanimité les auteurs ont accordé aux intérêts le même privilége qu'au prix principal, il n'en a pas été ainsi pour savoir combien d'années d'intérêt sont privilégiées; et sur cette question, se sont élevées de divergences d'opinions graves et sérieuses. Ainsi on voulait, en se fondant sur l'art. 2151 du C. Napoléon, que le vendeur ne fut privilégié que pour deux années d'intérêts outre ceux de l'année courante; mais remarquons bien que l'article, sur lequel on se base pour arrêter cette opinion, dit seulement que le créancier, inscrit pour un capital produisant intérêt, n'a droit droit d'être colloqué que pour deux années d'arrérages et pour l'année courante au même rang d'hypothèque que pour son capital. La Cour de Nîmes a sanctionné cette opinion en donnant à cet article le même sens que nous venons d'emettre, puisqu'elle a décidé dans un arrêt qu'elle a rendu le 12 décembre 1811 . « Que le vendeur n'a droit qu'à » deux années d'arrérages outre ceux de l'année courante. »

Mais cette interprétation, basée sur une mauvaise intelligence de la loi, ne pouvait jouir d'un long crédit; aussi la Cour de Cassassion l'a-t-elle repoussée avec force pour appuyer celle que nous allons développer.

Le vendeur est privilégié pour le prix et par le mot *prix*, on ne peut le nier, la loi entend le capital et les intérêts, c'est du moins le sens que donnaient à cette expression les jurisconsultes anciens, et rien dans le Code ne prouve que le législateur ait voulu la restreindre au capital seulement; au contraire, nous trouvons dans l'art. 1652 du Code Napoléon que l'acheteur doit l'intérêt du prix jusqu'au paiement du capital, si la chose vendue produit des fruits ou autres revenus et sans qu'il soit besoin de stipulation à cet égard.

Il résulte de là que l'accessoire doit suivre la condition du principal et, que par conséquent les intérêts doivent être placés au même rang de préférence qu'occupe le prix; telle est la règle à laquelle il faut se conformer, à moins que le Code n'y déroge d'une manière expresse; et qu'a fait la loi ? la loi, il est vrai, l'a restreinte dans certains cas à deux années et à l'année courante, et place le surplus d'intérêt à un autre rang; mais cette restriction n'a lieu que pour les créances hypothécaires, puisque les textes disent que les intérêts, sur lesquels ils statuent, *auront même rang d'hypothèque que les capitaux*. Or, le capital que le vendeur réclame n'a pas un simple rang par hypothèque, mais bien un rang par privilége, et il est colloqué à la date du contrat et non à celle de la transcription; ces intérêts ne font donc l'objet d'aucune exception.

On s'est fort appuyé pour combattre cette opinion sur la publicité qui devrait être donnée à ce privilége, et sur l'intérêt des tiers à connaître les intérêts dus, mais c'est là une raison spécieuse, attendu que les intérêts des tiers ne sauraient y rien gagner, puisque ce privilége, quoique inscrit postérieurement à toutes les inscriptions des créanciers hypothécaires, les prime toutes sans difficulté.

Observons encore que par le mot prix, on entend aussi tous les frais du contrat de vente et ceux de transcription que le vendeur peut avoir avancés, et pour lesquels il a le même privilége; en effet, on appelle *prix* tout ce que l'acquéreur débourse pour obtenir la jouissance de la chose; ce n'est donc pas forcer le sens des mots en disant que les loyaux-coûts font partie du prix.

Lorsqu'il y a plusieurs vendeurs successifs d'un même immeuble, le premier est préféré au second, le second au troisième et ainsi de suite.

Nous arrivons maintenant à parler du droit qu'à le vendeur de demander la résolution de la vente, quand il n'a pas été payé; quelques jurisconsultes ont pensé que l'art. 1654, par lequel il est permis au vendeur de demander la résolution de la vente, si l'acheteur ne lui en paie pas le prix, avait été modifié par le système hypothécaire dont la base est la publicité, et qui a voulu que le privilége fut rendu notoire par la transcription ou l'inscription. Il leur semblait qu'il était par trop contradictoire d'assujettir d'une part le privilége à des conditions de publicité et de laisser de l'autre l'action résolutoire au vendeur qui aurait négligé de s'y soumettre; mais ces doutes ont été levés par des arrêts de la Cour de Cassation et par plusieurs arrêts des diverses Cours impériales.

Le vendeur peut donc, alors qu'il n'a pris aucune précaution pour garantir son privilége, demander la résolution de la vente, mais en serait-il de même s'il avait demandé à être colloqué par privilége sur le prix de l'immeuble vendu ou adjugé ? Non, c'est du moins ce qu'a décidé la Cour de Cassation par un arrêt du 16 juillet 1818, dans lequel il est dit : que le vendeur en demandant à être colloqué sur le prix de l'adjudication, a, par cela même, approuvé la vente et s'est rendu non recevable dans sa demande en résolution de vente. S'il n'a fait que poursuivre contre l'acheteur le paiement du prix et qu'il n'ait pu obtenir satisfaction, il pourra dans ce cas demander la résolution de la vente.

2° Celui des prêteurs qui ont fourni des fonds pour une acquisition ; en remplissant certaines formalités, celui qui a prêté des fonds pour l'acquisition d'un immeuble, peut se faire subroger au lieu et place du vendeur, et par conséquent avoir les mêmes droits que ce dernier. Voyons sous quelles conditions le Code Napoléon accorde un privilége à celui qui a prêté de l'argent pour l'acquisition d'un immeuble ; il faut 1° qu'il soit authentiquement constaté par l'acte d'emprunt que la somme était destinée à faire cette acquisition, et 2° que la quittance consentie par le vendeur à l'acquéreur, constate que le paiement a été fait avec les deniers empruntés.

L'art. 2103 s'est servi du mot *authentiquement*, et certes ce n'est pas sans motif ; car si la condition du prêt n'était pas constatée d'une manière authentique, c'est-à-dire par acte public, il n'y aurait pas une cause de privilége. « La raison en est que les actes sous seing-privé, se pliant,
» dit Toullier, avec une grande facilité aux fraudes que la mauvaise foi
» veut pratiquer, la loi a dû s'en défier avec soin. Ainsi, par exemple, il
» serait possible qu'un prêt ayant été fait purement et simplement, l'em-
» prunteur achetât un immeuble avec l'argent prêté et que le bailleur de
» fonds colludant avec son débiteur, profitât de cette circonstance im-
» prévue et se fît faire, après coup, un acte sous seing-privé pour établir
» que l'argent avait été originairement confié pour acheter : cette fraude
» très facile avec le moyen des actes sous seing-privé, nuirait grave-
» ment aux intérêts des tiers, et la loi s'est armée de précautions pour la
» prévenir. »

On a souvent et longuement discuté pour savoir quel était le temps qui devait s'écouler entre le prêt et l'emploi ; tous les auteurs a peu près ont accordé un délai plus ou moins long; mais comme le Code ne s'exprime pas à ce sujet, il est impossible d'adopter une règle fixe; il faut donc s'en rapporter à la sagesse et aux lumières du juge, qui décidera, d'après les circonstances, si l'argent a ou non reçu l'emploi convenu.

C'est ici le cas d'observer que si le vendeur n'a pas été payé de tout ce qui lui était dû pour prix de la vente, il pourra se faire payer la somme qu'on reste lui devoir par préférence sur le bailleur de fonds.

3° Celui des cohéritiers : Chacun des cohéritiers ayant un droit sur chacun des immeubles d'une succession, n'abandonne son droit sur les immeubles attribués à ses cohéritiers, qu'à la condition de posséder paisiblement ceux qui lui sont attribués. Il est donc naturel que les biens de chaque lot soient respectivement affectés à la garantie des autres, et c'est, du reste, ce qui a été admis comme conséquence naturelle du principe d'égalité qui doit régner entre tous les héritiers; or, toutes les fois que cette égalité risquerait d'être brisée, et c'est ce qui arriverait dans les cas suivants, il y aura lieu à un privilége.

1° Lorsque dans le contrat de partage il a été établi une soulte en faveur de l'un des cohéritiers ; on appelle *soulte* la somme qu'un héritier doit pour rétablir l'équilibre payer à son cohéritier, qui a obtenu un lot de moindre valeur; alors, celui en faveur duquel a été stipulée la soulte a un privilége sur tous les immeubles de la succession ;

2° Lorsque le partage ayant été fait sans qu'il y ait eu lieu à stipuler aucune soulte, il arrive que l'un des cohéritiers est évincé de son lot ou de partie de son lot, l'égalité est alors évidemment rompue, et il faut nécessairement la rétablir par un retour que les cohéritiers seront tenus de payer à celui qui a été évincé, pour lequel retour il a un privilége sur les immeubles composant les autres lots ;

3° Lorsque dans une succession il se trouve un immeuble qui ne peut être partagé, on en fait la licitation, et les cohéritiers ont pour le prix un privilége sur l'immeuble adjugé.

A la différence de la vente, la soulte stipulée en faveur d'un des cohéritiers ou copartageants ne produit pas d'intérêts de droit ; cette convention, si l'on a accordé un terme pour le paiement, doit être insérée dans l'acte d'une manière expresse ; et dans ce cas, si l'on veut que les intérêts qui pourront être dûs au jour du paiement jouissent du même privilége que la soulte, il est nécessaire de faire inscrire et le capital et les intérêts, calculés jusqu'au jour accordé pour le paiement.

4° Celui des architectes, entrepreneurs, maçons et autres ouvriers. Les architectes, entrepreneurs, maçons et autres ouvriers ont, d'après la loi, un privilége sur les immeubles qu'ils ont réparé ou construit ; mais ce privilége ne saurait s'étendre au-delà de la plus-value qu'ils ont, par leur travail, donnée à l'immeuble réparé ou reconstruit. Telle est l'opinion de M. Grenier, opinion qui semble être corroborée par l'art. 2175 du Code Napoléon, tandis que l'opinion contraire, professée par MM. Polhier, Persil et Dalloz, a été adoptée par la cour de cassation, dans un arrêt du 11 novembre 1824. Quant à nous, nous n'hésitons pas à opter pour celle émise par M. Grenier, parce que le texte ne distingue pas si ce sont des répara-tions de conservation ou de simple amélioration, et les soumet toutes à cette disposition générale que le privilége se réduit à la plus-value. Cela admis que, quelles que soient les dépenses faites, le privilége doit tou-jours être restreint à la plus-value, il en résulte que le droit des ouvriers est souvent mal assuré, puisque la dépense occasionnée par les réparations est presque toujours plus forte que l'amélioration qui résulte des travaux.

Dans l'intérêt des tiers, comme dans celui des ouvriers, il était donc nécessaire de connaître cette plus-value ; aussi la loi a-t-elle subordonné ce privilége aux conditions suivantes, que nous trouvons écrites dans le n° 4 de l'art. 2103.

1° Un expert nommé d'office par le tribunal de première instance, dans le ressort duquel se trouvent les bâtiments, doit préalablement dresser un procès-verbal constatant l'état des lieux relativement aux ouvrages que le propriétaire déclarera avoir dessein d'y faire ;

2° Une fois les ouvrages terminés, un expert également nomme d'office et de la même manière, doit en faire la réception dans les six mois au plus tard de leur perfection et en dresser procès-verbal.

Ce défaut de formalités place les ouvriers au rang de créanciers chiro-graphaires.

Les ouvriers auront-ils privilége pour les intérêts qui peuvent leur être dus? Non, car la loi ne leur accorde un privilége que pour la valeur des travaux pris en eux-mêmes;

5° Celui des prêteurs de deniers pour réparations. Ceux qui ont fourni des fonds pour payer les travaux faits à un immeuble, ont un privilége pour le montant de leur créance, pourvu toutefois que l'emploi de ces deniers soit justifié par la quittance des ouvriers qui ont exécuté les travaux, et que, par acte public, il soit constaté que la somme prêtée avait été empruntée à cet effet.

CHAPITRE III.

Des Priviléges sur les Meubles et sur les Immeubles.

Les priviléges qui, d'après la loi, s'étendent sur les meubles et sur les immeubles, sont : 1° les priviléges généraux sur les meubles, dont nous avons déjà parlé, savoir :

Les frais de justice, les frais funéraires, les frais de dernière maladie, le salaire des gens de service et les fournitures de substances;

Et 2° le privilége du trésor impérial, qui, ainsi que nous avons eu occasion de le dire, se trouve réglé par des lois particulières.

De ce que ces divers priviléges s'étendent sur les meubles et sur les immeubles, il ne faut pas en conclure qu'ils donnent aux créanciers le droit de se faire payer indifféremment le montant de leur créance sur le prix des meubles ou sur celui des immeubles; non, tous ces priviléges n'ont d'action sur les immeubles qu'autant que le mobilier est épuisé, et le mobilier n'est censé épuisé que lorsqu'il reste au débiteur seulement les meubles que la loi déclare insaisissables. Il est néanmoins permis à ces créanciers de se présenter pour être payés sur le prix des immeubles, sans avoir auparavant discuté le mobilier et dans ce cas ils peuvent être colloqués éventuellement pour le montant de leur créance, mais à la charge expresse pour eux de mettre fin à leur action sur les meubles dans un délai fixe, et sauf la réduction de la collocation à ce qui leur resterait dû; tandis que cela n'aurait pas lieu si le mobilier eut été suffisant et que le créancier privilégié sur les meubles et sur les immeubles eût négligé de se faire colloquer sur le prix de ce mobilier, car alors il aurait laissé échapper le gage que la loi affectait en premier rang au paiement de sa créance, et sa négligence à faire valoir ses droits ne doit pas, selon l'opinion de tous les auteurs, préjudicier en rien aux intérêts des créanciers privilégiés sur les immeubles.

Et quand, à défaut de mobilier, les créanciers qui ont en même temps privilége sur les meubles et sur les immeubles, se présentent pour être payés sur le prix d'un immeuble, en concurrence avec les créanciers privilégiés sur cet immeuble, le paiement se fait de la manière suivante :

1° Les créances désignées en l'art. 2101 ;

2° Celles portées en l'art. 2103.

Comment se conservent les Priviléges.

Les priviléges sur les meubles ne sont soumis à aucune formalité, mais il n'en est pas ainsi des priviléges sur les immeubles, qui renferment une véritable hypothèque, et à ce titre sont compris dans le système de formalités qui fixe notre régime hypothécaire; ils sont donc, par cela même, soumis à la formalité de l'inscription, et la loi dit qu'ils n'ont d'effet qu'à dater du jour de cette inscription.

Il ne faut pas cependant prendre cette expression : *à dater du jour de cette inscription*, au pied de la lettre, et croire que c'est réellement de la date de l'inscription que dépend l'effet du privilége ; s'il en était ainsi, le législateur aurait agi dans un sens contraire à ses propres intentions, puisque, nous le savons déjà, l'effet du privilége est qu'une fois inscrit, il prime toutes les hypothèques, ce qui ne pourrait pas avoir lieu s'il n'avait, comme semble le dire le texte, d'effet qu'à dater de cette inscription. MM. Tarrible et Grenier sont de cet avis, et la cour de cassation a sanctionné cette opinion dans un arrêt du 26 janvier 1813. « Considérant » que s'il est dit dans l'article 2106 que les priviléges ne produisent » d'effet à l'égard des immeubles que par l'inscription et à compter de la » date de cette inscription, il ne faut pas en conclure que le privilége du » vendeur puisse être primé par des hypothèques simples antérieurement » inscrites ; qu'il résulte seulement de cet article qu'il ne produit pas

» d'effet tant qu'il n'est pas inscrit, mais qu'une fois inscrit, il prime
» toutes les créances hypothécaires qui lui sont postérieures quoique l'ins-
» cription en soit antérieure. »

Bien plus, il arrive quelquefois que non-seulement le privilége inscrit remonte à la date de l'acte qui l'a produit, mais encore il prime des hypothéques antérieures à sa naissance.

La date de l'inscription n'influe donc en rien sur l'effet des priviléges ; l'essentiel est que le privilége soit inscrit pour qu'il produise effet entre créanciers ; d'où il résulte que si le créancier privilégié avait négligé de faire inscrire son privilége, les autres créanciers du débiteur pourraient se prévaloir contre lui de ce défaut d'inscription.

Les priviléges, pour produire leur effet, doivent être inscrits. Telle est la règle : passons aux exceptions qui résultent de la loi.

1° Sont exceptées de la formalité de l'inscription, nous dit l'art. 2107, les créances énoncées en l'art. 2101, c'est-à-dire celles qui sont privilé-giées sur la généralité des meubles ;

2° Comme d'après l'art. 2181 l'acquéreur qui veut purger les hypothè-ques et priviléges qui peuvent grever les immeubles par lui acquis est tenu de faire transcrire son contrat, la loi a cru trouver dans cette transcription une formalité équivalente, au moins pour conserver les droits du vendeur, à l'inscription ; aussi a-t-elle, dans ce cas, dispensé ce dernier de faire inscrire son privilége ; mais d'un autre côté, pour ne pas induire en erreur les tiers qui pourraient ignorer cette transcription, elle a obligé les conservateurs à inscrire d'office sur leurs registres les créances résultant du contrat de vente ;

3° Le cohéritier ou copartageant conserve son privilége, pourvu qu'il prenne inscription dans les soixante jours qui suivent l'acte de partage ou l'adjudication par licitation, pendant lesquels aucune hypothèque ne peut avoir lieu sur le bien partagé ou adjugé, au préjudice du créancier de la soulte ou du prix (art. 2109), tandis qu'elle aurait tout son effet à l'égard des autres créanciers ;

4° Les architectes, entrepreneurs, maçons et autres ouvriers conser-vent leurs priviléges à la date de l'inscription du premier procès-verbal, s'ils ont le soin de faire inscrire celui dressé pour recevoir les travaux ; ceux qui ont prêté les fonds pour payer ces travaux, conservent ce même privilége en se conformant à cette double inscription ;

5° Quand les créanciers ou légataires demandent la séparation du patrimoine du défunt, en vertu de l'art. 878 C. Napoléon, ils conservent, dit l'art. 2111, leur privilége sur les immeubles de la succession par les inscriptions faites sur chacun de ces biens, dans les six mois, à compter du jour de l'ouverture de la succession. Et avant ce délai, ajoute cet article, aucune hypothèque ne peut être établie avec effet sur ces biens, par les héritiers ou représentants, au préjudice de ces créanciers ou légataires.

Remarquons, en terminant que les cessionnaires de ces diverses créances privilégiées exercent tous les droits qu'avaient les cédants au lieu et place desquels ils se trouvent subrogés.

Et s'il arrive, soit par négligence, soit pour tout autre motif, que les formalités que nous venons d'indiquer pour la conservation des priviléges n'aient pas été remplies, les priviléges deviennent alors de simples hypothèques qui ne prennent rang qu'à dater du jour de l'inscription, et qui sont, par conséquent, primées par celles dont l'inscription leur est antérieure.

Droit Criminel.

De la Procédure suivie devant les Tribunaux correctionnels.

(Code d'Inst. crim., 182-198.)

Avant d'entrer dans les détails de la procédure qui doit être suivie devant les tribunaux correctionnels, expliquons ce qu'on entend par tribunaux correctionnels. Les tribunaux correctionnels sont ceux qui, d'après la loi, sont compétents pour juger les auteurs des délits forestiers poursuivis à la requête de l'administration, et de tous les délits dont la peine excède cinq jours d'emprisonnement et 15 francs d'amende ; leur compétence s'étend donc sur tous les faits qualifiés délits, c'est-à-dire sur tous les actes frappés par le Code pénal d'une amende de plus de 15 fr. et d'un emprisonnement qui doit durer plus de cinq jours.

Quels sont les tribunaux qui jugent correctionnellement ? Ce sont les tribunaux de première instance, qui, sous le titre de tribunaux correctionnels, connaissent de tous les faits qui, ainsi que nous l'avons déjà dit, sont de la compétence de ces tribunaux.

Mais comment ce tribunal est-il, en matière correctionnelle, saisi des délits de sa compétence ? « Le tribunal sera saisi, dit l'art. 182, en matière correctionnelle, de la connaissance des délits de sa compétence, soit par le renvoi qui lui en sera fait d'après les articles 130 et 160 ci-dessus, soit par la citation donnée directement au prévenu et aux personnes civilement responsables du délit par la partie civile ; et à l'égard des délits forestiers, par le conservateur, inspecteur ou sous-inspecteur forestier, ou par les gardes généraux, et, dans tous les cas, par le procureur impérial. »

Voilà donc deux manières de saisir le tribunal. Examinons-les chacune séparément.

La première de ces manières est le renvoi prononcé :

1° D'après l'art. 130, c'est-à-dire lorsque, d'après l'instruction préparatoire faite devant le juge d'instruction, la chambre du conseil, à laquelle a été soumise cette affaire, reconnaît que le délit est de nature à être puni par des peines correctionnelles ; alors, dit l'art. 130 · « Le prévenu sera renvoyé devant le tribunal de police correctionnelle ; et si le délit, porte l'art. 131, ne doit pas entraîner la peine de l'emprisonnement, le prévenu sera mis en liberté, à la charge de se représenter à jour fixe devant le tribunal compétent ». Dans le cas contraire, le prévenu reste sous la main de la justice pour être conduit devant le tribunal le jour indiqué pour l'audience ;

2° D'après l'art. 160 ; en se servant, pour qualifier cette manière de saisir le tribunal, du mot renvoi, la loi nous paraît fort inexacte, en ce sens que le renvoi n'a pas lieu en vertu de cet article : et en effet, cet article suppose qu'une prétendue contravention est portée devant un juge de paix, et que, dans le cours de l'instruction, le juge de paix découvre dans ce fait tous les caractères du délit, c'est-à-dire que ce fait doit être puni d'une peine supérieure soit à 15 fr. d'amende, soit à cinq jours d'emprisonnement. Le tribunal de simple police ne saurait donc appliquer la peine sans dépasser les limites de sa compétence. Que doit-il faire alors ? L'art. 160, dont il est question, lui trace la conduite qu'il doit suivre. « Si le fait, dit cet article, est un délit qui emporte une peine correction-» nelle ou plus grande, le tribunal renverra les parties devant le procu-» reur impérial. »

Ainsi ce sera le procureur impérial qui devra saisir le tribunal correctionnel de ce délit par une citation qu'il fera donner en son nom au prévenu ; de telle sorte que le tribunal correctionnel ne sera pas saisi de cette affaire par le renvoi du juge de paix, comme porterait à le croire l'art. 182 précité, mais bien par la citation donnée, soit à la requête du ministère public, soit à la requête de la partie civile. L'art. 182 est donc, ainsi que nous l'avons dit, très inexact et devrait, à notre avis, être corrigé.

A l'inverse, un autre cas de renvoi que la loi a omis et qui, selon nous, devrait y être ajouté ; c'est celui où une cour impériale, chambre de mises en accusation, appelée à se prononcer sur la prévention d'un crime, ne trouve dans le fait qui lui est soumis que les caractères d'un délit et le renvoie, en vertu de l'art. 230, directement devant un tribunal correctionnel qui devra être désigné dans l'arrêt.

Observons toutefois que le tribunal correctionnel ne saurait être lié ni en vertu de l'ordonnance de renvoi, d'après l'art. 130, ni en vertu de l'arrêt de la cour impériale, d'après l'art. 230 ; car, si à l'audience et dans le cours des débats, le tribunal reconnaît que le fait n'est pas un simple délit, mais que, par suite des circonstances, ce fait présente les caractères d'un crime, il doit, en vertu de l'art. 193, s'arrêter, et, au lieu de juger, renvoyer le prévenu devant les juges compétents.

La seconde manière de saisir le tribunal correctionnel, la plus simple et la plus fréquente dans les délits de peu d'importance, est la voie de la citation ; en effet, dans les cas de renvoi dont nous venons de parler, on s'est, à raison de ce fait, livré à une série d'instructions préparatoires qui ne doivent être en général employées que pour les crimes, ou, si elles le sont pour les délits, ce ne doit être qu'avec une grande réserve et seulement dans les cas où un caractère de gravité viendrait s'ajouter à des difficultés déjà assez sérieuses.

Une citation, avons-nous dit, doit appeler le prévenu à comparaître devant le tribunal ; voyons que doit contenir cette citation.

La citation doit 1° contenir élection de domicile, par la partie civile, dans la ville où siège le tribunal ; mais est-ce à dire que ce défaut d'élection de domicile entraînerait la nullité de la citation ? Non, mais si la partie civile ne demeure pas dans le lieu même où siége le tribunal, le prévenu sera dispensé à son égard de toutes les notifications dont il peut être tenu envers cette partie.

2° Enoncer les faits : il est clair qu'on ne saurait admettre comme citation régulière celle qui n'apprendrait pas au prévenu, quels sont les faits pour lesquels on le poursuit, et qui le laisserait par conséquent dans l'impossibilité de préparer sa défense ; comme la citation donnée à la requête de la partie civile, celle donnée à la requête du ministère public devra aussi énoncer les faits.

3° Accorder au prévenu pour se présenter un délai au moins de trois jours, plus le délai à raison de la distance ; ce délai doit être rigoureuse-

ment observé, sous peine de la nullité de la condamnation prononcée par
défaut contre la personne citée, si elle ne comparaît pas; et dans le cas où elle
comparaîtrait, cette nullité doit être proposée avant toute exception ou
défense, et à la première audience; car, si elle consentait à se défendre
sur le fond, elle couvrirait par cela même la nullité; tandis qu'il n'en
serait pas ainsi si, quoique présent, le prévenu demandait une prolongation et que cette prolongation lui étant refusée, il déclarait ne pas vouloir
plaider au fond. La condamnation prononcée contre lui serait alors nulle,
puisque comparaître ce n'est pas seulement être présent, mais bien entamer, engager et soutenir la discussion.

Si le prévenu ne peut ou ne veut, pour des motifs quelconques, comparaître, peut-il se faire représenter par quelqu'un? Il le peut quelquefois,
mais ce n'est que dans le cas où le délit pour lequel il est appelé n'entraîne
pas la peine de l'emprisonnement, et encore est-il obligé de se faire représenter par un avoué (art. 185).

Si, lorsque la loi lui permettait de se faire représenter, le prévenu ne l'a
pas fait et qu'il ne se soit pas présenté lui-même, ou que, lorsque la loi ne
lui accordait pas cette faculté, il se soit fait représenter et qu'il n'ait pas
comparu lui-même, il est, dans ces deux cas, évidemment jugé par défaut
(art. 186).

Nous venons de voir quelles sont les formalités à remplir pour arriver à
un jugement, voyons s'il peut arriver que, bien qu'il y ait déjà un jugement
rendu, ce même tribunal puisse encore être saisi de cette affaire. Oui, selon
que le jugement qui a été prononcé est contradictoire ou par défaut. Dans
la première hypothèse, ce jugement ne pourra être attaqué que par la
voie de l'appel, et partant, ce sera devant un autre tribunal que sera
portée l'affaire; et dans la seconde, le prévenu pourra recourir, pour
attaquer ce jugement, à la voie de l'opposition, et ce sera alors le même
tribunal qui a prononcé le premier jugement qui devra statuer sur l'opposition. Le prévenu pourra donc former opposition au jugement qui l'a
condamné par défaut; mais dans quel délai et de quelle manière devra
être formée cette opposition? Telles sont les questions que nous avons à
résoudre. « La condamnation par défaut sera comme non avenue, nous

apprend l'art. 187, si dans les cinq jours de la signification qui en aura été faite au prévenu ou à son domicile, ce dernier forme opposition à l'exécution du jugement et notifie son opposition tant au ministère public qu'à la partie civile. » L'opposition fait en effet regarder comme non avenu le jugement par défaut, pourvu toutefois que le prévenu comparaisse et vienne plaider sur son opposition ; car, s'il ne comparaissait pas à l'audience qu'il indique ou qu'il est réputé indiquer, l'opposition elle-même serait comme non avenue et le jugement par défaut reprendrait toute sa force, jugement qui ne pourrait être attaqué autrement que par la voie d'appel (art. 188).

Nous avons maintenant à exposer comment on prouve les délits. On prouve les délits comme les simples contraventions, c'est-à-dire tant par des rapports ou procès-verbaux, que par témoins à défaut de procès-verbaux ou rapports ou à leur appui. Ces procès-verbaux se divisent, d'après la loi, en deux classes : La première comprend ceux qui ont été dressés par un de ces officiers aux procès-verbaux desquels la loi a accordé le privilége de faire foi en justice jusqu'à inscription de faux, c'est-à-dire que la partie, soit publique, soit privée, qui se présente, appuyée d'un procès-verbal de cette nature, n'est tenue à fournir aucune preuve à l'appui ; bien plus, la loi dispense la partie qui fournit un pareil procès-verbal, non pas seulement de donner des preuves, mais elle n'autorise même pas le prévenu à établir la fausseté et l'inexactitude de ce procès-verbal, soit par la preuve testimoniale, soit par des preuves écrites. Ce procès-verbal fait tellement foi, qu'il n'est pas même permis au tribunal de recevoir les preuves contraires que pourrait proposer le prévenu, à moins pourtant que ce dernier ne consente à entamer cette procédure chanceuse et difficile détaillée dans les art. 214 et suivants du Code de procédure ; quant aux procès-verbaux, qui ne font pas foi jusqu'à inscription de faux, et qui forment la seconde classe, la loi n'en a nullement déterminé le caractère ni l'autorité ; au contraire, elle laisse tout à l'arbitraire du tribunal qui, selon qu'il lui plaît, peut regarder le délit comme prouvé et refuser au prévenu le droit de débattre la véracité du rapport ou bien exiger à l'appui de ce rapport la preuve testimoniale, ou bien enfin, tout en considérant le fait comme prouvé, admettre néanmoins la preuve contraire ; c'est ce qui résulte de l'art. 154.

Lorsque, d'après les circonstances, le tribunal croira qu'il est utile d'entendre des témoins, on devra appeler ces derniers par une citation ; et si l'un d'eux ne comparaît pas, ou si, quoique présent, il refuse de déposer de ce qu'il sait, le tribunal pourra contraindre le témoin récalcitrant à se présenter, en prononçant contre lui, sur le premier défaut, l'amende, et en cas d'un second défaut, la contrainte par corps.

Néanmoins si le témoin, condamné sur le premier défaut à l'amende, satisfait à la seconde citation, et s'il prouve au tribunal qu'il lui était impossible de comparaître le jour qui lui avait été indiqué, il pourra dans ce cas, sur les conclusions du ministère public, être déchargé de l'amende.

« Les témoins, dit l'art. 155, feront à l'audience, sous peine de nul- » lité, le serment de dire toute la vérité, rien que la vérité, et le greffier » en tiendra note ainsi que de leurs noms, prénoms, âge, profession et » demeure, et de leurs principales déclarations. » La lecture de cet article suffit pour nous indiquer de quelle manière il faut procéder à l'audition des témoins ; il en est de même de l'art. 156, qui nous fait connaître quels sont les témoins dont l'audition est prohibée ; ce sont certains parents du prévenu.

Le jugement doit d'abord énoncer les faits dont les personnes citées sont jugées coupables ou responsables, la peine et les condamnations civiles ; le texte de la loi, en vertu duquel la condamnation a été prononcée, devra être lu à l'audience ; mention de cette lecture doit être faite dans le jugement, et de plus le texte de la loi doit y être inséré, sous peine de 50 fr. d'amende contre le greffier.

La minute du jugement doit être signée dans les vingt-quatre heures par les juges qui l'ont rendu et il est expressément défendu aux greffiers de délivrer avant cette signature aucune expédition de ce jugement, sous peine d'être poursuivis comme faussaires.

La partie condamnée est tenue de tous les frais, tant envers la partie adverse qu'envers la partie publique.

Procédure Civile.

De l'intervention comparée avec la tierce opposition.

(Liv. II, Tit. XVI, § 2.)

L'intervention est un acte par lequel une personne se présente dans une contestation pendante entre d'autres personnes, pour y soutenir les droits qu'elle prétend y avoir. La faculté d'intervenir est accordée à toutes les personnes qui auraient plus tard le droit de former tierce opposition; c'est ce qui résulte de l'article 466 du Code de Procédure; mais cet article ne parle qu'en cause d'appel, d'où il faut conclure qu'en première instance cette faculté est bien plus étendue, et qu'il y a des cas où on aura le droit d'intervenir pour faire respecter ses droits, bien qu'on n'(et pas , une fois le jugement rendu, celui de l'attaquer par la tierce opposition. Ce qui revient à dire qu'en première instance l'intervention sera recevable toutes les fois que celui qui croira devoir former cette demande aura un intérêt direct ou indirect au résultat de la contestation; ces cas sont évidemment trop nombreux pour qu'il nous soit permis d'en faire l'énumération ; aussi nous bornerons-nous à n'en citer ici qu'un seul : Je vends à Paul une maison ; Pierre la revendique quelque temps après comme étant sa propriété ; Paul a bien le droit, il est vrai, de m'appeler en garantie, mais je n'attends pas qu'il forme contre moi cette action et je demande, parce que mes intérêts pourraient être gravement compromis selon l'issue du procès, à intervenir pour défendre les droits de Paul dans la cause pendante entre lui et Pierre.

Les formalités auxquelles la loi soumet l'intervention sont fort simples; en effet, elle exige :

1° Qu'elle soit formée par requête d'avoué à avoué ; celui qui signe la requête est constitué de droit.

2° Qu'elle contienne les moyens et les conclusions de l'intervenant, qui doit y être désigné d'une manière telle qu'il ne puisse pas y avoir de doute sur son identité.

3° Qu'il soit donné copie tant de la requête que des pièces sur lesquelles se fonde l'intervenant.

Passons aux effets de l'intervention. « L'intervention, porte l'article 340, ne pourra retarder le jugement de la cause principale, quand elle sera en état ; » d'où il résulte que, si la cause principale n'est pas encore en état, l'intervention pourra être déclarée recevable par ce que dans ce cas elle ne saurait retarder en rien le jugement ; et encore que l'affaire soit en état, elle ne laisse pas d'être recevable si, n'offrant point des difficultés sérieuses, elle ne doit point retarder le jugement de la cause principale.

Que doit-on entendre par ces mots : *quand l'affaire sera en état ?* Il serait assez difficile de fixer les limites que devrait atteindre la cause principale pour *être en état*, alors que le Code ne pose point de règle absolue ; en effet, l'art. 340 dit seulement que l'intervention ne pourra pas retarder le jugement quand l'affaire est en état, mais il ne dit pas qu'on ne devra plus recevoir d'intervention, la cause principale étant en état. D'où il résulte que l'art. 340 précité tend uniquement à empêcher qu'une partie, dans la prévoyance d'une prochaine condamnation, ne fasse survenir une intervention de complaisance qui retarderait le jugement de la cause principale.

De deux choses l'une ; ou l'intervention est contestée, ou elle ne l'est pas. Si elle n'est pas contestée, il n'est pas évidemment nécessaire de provoquer un jugement pour la rendre recevable ; et dans le cas même où elle le serait, si le procès est en état, le même jugement statuera, et sur la recevabilité de l'intervention et sur la cause principale, si toutefois l'intervention n'offre aucune difficulté sérieuse, et cela arrive toutes les fois que le droit de l'intervenant est tellement apparent, qu'en le déclarant recevable, on ne retarde pas le jugement du principal.

Au cas où il aurait été ordonné pour la cause principale une instruction écrite, la demande en intervention sera portée à l'audience sans qu'il soit nécessaire de la soumettre aux mêmes formalités de l'instruction écrite toujours trop compliquées et trop couteuses.

Définissons d'abord la tierce opposition et nous dirons ensuite en quoi elle diffère de l'intervention.

La tierce opposition est une voie extraordinaire par laquelle il est permis à une personne d'attaquer un jugement qui lui porte préjudice, et lors duquel ni elle ni ceux qu'elle représente n'ont été appelés. Exemple : mon fermier Pierre est attaqué par Paul, qui réclame une servitude de passage sur mes propriétés ; Pierre, au lieu de m'appeler pour repousser cette prétention, répond et se laisse condamner ; plus tard, je m'aperçois que Paul passe sur mon héritage, je l'assigne pour qu'il ait à s'abstenir d'y passer et il m'oppose le jugement rendu en sa faveur contre Pierre. Un tel jugement me porte évidemment préjudice, et de plus je n'ai pas été appelé, j'ai donc le droit d'attaquer ce jugement par la voie de la tierce opposition.

Voici en quoi diffère l'intervention de la tierce opposition :

1° L'intervention ne peut avoir lieu que lorsqu'il existe un procès sur lequel il n'a pas été rendu de jugement, tandisqu'au contraire on n'est admis à former tierce opposition que lorsqu'il a été prononcé un jugement, et que ce jugement blesse les droits de celui qui se porte tiers opposant.

2° L'intervention se forme par requête d'avoué à avoué, et celui qui veut attaquer un jugement par la voie de la tierce opposition, doit faire par exploit la déclaration qu'il se porte comme tel, à la personne qu'il veut attaquer.

3° L'intervention diffère encore de la tierce opposition en ce qu'elle n'a point, comme cette dernière, un effet suspensif, puisque dans aucun cas elle ne saurait retarder le jugement de la cause principale, tandisque la tierce opposition suspend quelquefois l'exécution du jugement attaqué, selon que les juges pensent que l'exécution de ce jugement peut nuire aux intérêts du tiers opposant.

Vu :

Le Président de la Thèse,
LAURENS.

TOULOUSE, Imprimerie Delsol, rue de la Colombe, 20.

LES
CINQ
CODES.
CIVIL
PROCED. CIV.
COMMERCE
INSTRUC.
PENAL

www.ingramcontent.com/pod-product-compliance
Ingram Content Group UK Ltd.
Pitfield, Milton Keynes, MK11 3LW, UK
UKHW022236070726
13613UKWH00004B/1980